1日1つ スピリチュアル・ワークブック

スピリチュアルカウンセラー
山口 彩

魂磨き《たまみがき》

太陽出版

まえがき

心が落ち込んでいるとき、何をしてもなんだか楽しい気分になれないとき、あなたはどうしていますか？

心のおもむくまま、さらに落ち込んでしまう人もいれば、ムリヤリにでも自分を奮い立たせている人もいることでしょう。

元気になる方法は人それぞれとはいえ、その方法がわかれば誰も苦労しませんよね！　いろいろな壁にぶち当たり、悩んだり苦しんだりしながら、何とか上を向いていこうと、みんながんばって毎日を生きているのだと思います。

そんなときこそ、ぜひこの本を役立ててほしいと思います。

「魂を磨く」といっても目に見えるものではないので、「そんなことをしても本当に効果があるのか」とギモンに思う人もいるかもしれません。

でもこの世の中には、目には見えなくても大切なものがたくさんあります。

愛する気持ち、感謝する気持ち、人を思いやる気持ち……どれも態度や言葉に出さなければ、目に見えるものではありませんが、心を元気にするためには必要不可欠なものではないでしょうか。

「魂を磨く」ということは、とりもなおさず「スピリチュアルパワーを鍛える（高める）」ということです。

そして、スピリチュアルパワーを鍛えるということは、あなたの周りをおおっている「気」の流れをクリアにして、キレイにするということ。

「病は気から」「気の持ちよう」という言葉もあるように、あなたの心や気持ちに直接作用しているのが、「気」の存在なのです。

その「気」の流れがクリアになり、キレイになれば、心や気持ちに余裕が生まれ、今まで感じていたイライラや不安などもなくなってきます。

すると、あなたの中にあった〝マイナス思考〟なども消え、すべてに前向きな気持ちで取り組めるようになります。その結果、家族や友人、仕事仲間との人間関係も好転してくるのです。

そうはいっても、すぐには信じられないかもしれません。

でも、毎日少しずつでも良いから、ここに書かれてあることを実践してみてください。

このワークブックに書かれてあるトレーニング（レッスン）がすべて終わる頃には、みなさんの魂がキレイに磨かれ、きっと今までとは違った、イキイキとした毎日を送ることができるようになっていることでしょう。

✻この本の使い方✻

スピリチュアル・トレーニングといっても、何か特別なことをするわけではありません。日常生活の中で十分取り入れられることばかりなので、まずは順を追って始めてみましょう。

STEP1 ◀ STEP2 ◀ STEP3 ◀ STEP4

4つのSTEPに分かれており、最初は簡単なものから始まり、STEPが上がっていくにつれ難易度が上がっていきます。

ここで大事なことは、最初のＳＴＥＰの項目をすべてクリアしてから、次のＳＴＥＰへ進むということ。

ＳＴＥＰ内の項目はどの順番で始めても構いませんが、なかなかクリアできない項目があれば、あせらずに何度でもチャレンジしてください。各ＳＴＥＰのまとめにあるチェックリストを使うと便利です。

そして、自分の中でＯＫだと思えれば、次のＳＴＥＰへと進みましょう。

ＳＴＥＰが上がっていくと難しいことが出てくるかもしれませんが、ＳＴＥＰ１のあなたとＳＴＥＰ２のあなたを比べると、確実に変化していきます。スピリチュアルパワーが徐々に高まっていくので、ＳＴＥＰ４をクリアする頃には、穏やかで、ヤル気に満ちた自分を実感できることでしょう。

それではさっそく、トレーニングスタート！

もくじ

STEP 2

STEP 3

プラス思考になろう！ 97

STEP 4

命の重さ、大切さについて考えよう！ 133

デザイン 津嶋佐代子
イラスト 関上絵美
編集協力 清水麻衣

気の流れを良くする10ヶ条

1 木や植物に触る

木や植物、花などの自然界のものには、よどんだ気を浄化してくれる作用があります。積極的に、育てたり、触るようにしましょう。

2 お気に入りのものを持ち歩く

悩んだり、体調の悪いときに、お気に入りのものに触ったり、持ち歩くと、あなたに良いエネルギーをもたらしてくれます。

3

目の疲れを取る

目が疲れているときは、冷たいタオルや蒸しタオルをしばらく目に当てましょう。視界が良くなって、気の流れが良くなります。

4

ミネラルウォーターを飲む

天然の湧き水などのミネラルウォーターには、体や心を浄化する作用があるので、飲むだけで悪い気を体の外へ追い出してくれます。

5

目覚めたら、伸びをする

目が覚めたときには、体全体をしっかり伸ばし、大きく深呼吸をしましょう。寝ている間に溜まった悪い気が外に出ていきます。

6

集中力を高める

部屋を暗くしてロウソクに火を灯し、その灯りをジッと見つめてください。集中力が高まるので、気の流れを良くすることができます。

7

寝る前に枕を3回叩く

良く眠れないと気の流れが悪くなります。よどんだ気を飛ばすためにも、寝る前にはポンポンと枕を軽く3回叩くようにしましょう。

8

すべてのことに感謝する

人やペット、物など、身の回りのすべてのものに感謝の気持ちを持ちましょう。感謝の心は、気の流れをクリアにしてくれます。

9

笑顔を作る練習をする

笑顔というのは、相手にとっても自分にとっても、心を穏やかにする作用があります。辛いとき、悲しいときも、笑顔を忘れずに。

10

すべてのことを楽しむ

楽しむということは、体や心に良いエネルギーが入ってくるということ。身の回りのささやかなことも、楽しんで行うように心がけて。

STEP 1

規則正しい生活をして精神力をパワーアップ！

最初のトレーニングとして、規則正しい生活をすることから始めます。規則正しい生活とスピリチュアルパワーは関係ないと思うなかれ！　ダラダラとした生活ではどうしても気の流れが滞ってしまうので、体や心のバランスが崩れてしまうのです。生活の乱れを直していくと自然と気の流れがクリアになるので、精神力がパワーアップします。このSTEPは簡単にできる項目が多いので、まずは軽い気持ちで始めましょう！

01

毎日、同じ時間に起きる

自分の中で、毎日の起きる時間を決めておきましょう。ただし、仕事に行く時間はみんなそれぞれ違うので、起きる時間は朝でも夜でもＯＫ。起きる時間を決めておくことの最大のメリットは、肉体的にも精神的にもダラダラしないということです。

人は何も目標がないと、ダラダラと生活してしまうもの。時間がないからごはんは食べなくてもいいや、友達と待ち合わせをしてるけどちょっとぐらいなら遅れてもいいや……と、生活や心構えまでだらしなくなってしまいます。

起きる時間が決まっていれば、仕事に出かけるまでの時間や、その日1日をどのように使うか、必然的に、しかも上手に割り振ることができるようになります。

ただバタバタとあわただしくやり過ごすのではなく、「この時間までに顔を洗って朝食を食べ、この時間までにメイクを終えて」というようにきちんと段取りを組むことで、体にリズムが生まれるのでヤル気や1日の活力が生まれ、心に良い影響を与えることができます。

また、仕事がある日だけでなく、休みの日でもきちんと同じ時間に起きることが大切です。せっかくのお休みだというのに寝すぎてしまい、1日何もしないまま終わってしまった……なんていう経験はありませんか？　必要以上に寝ても体が疲れるだけ。気分までも憂うつになり、体にも心にも良くありません。

毎日、きちんと同じ時間に起きるようにしましょう。

1日を上手に使えるので、体にリズムが生まれて、心が元気になる！

02

いつもより10分早く起きる

起きる時間をいつもより10分早くすると、今までは眠っていたはずのその時間をいろいろなことに活用できます。

朝起きて頭がしっかり目覚めるまでには、最低でも10分は必要。しかも、朝の10分は1日の中でも貴重な時間ですよね。

いつもより余分に10分間の余裕があるだけで、気持ちにゆとりが生まれ、忘れ物などの日常生活の細かいミスもなくなります。

出かける前にいつもバタバタしてしまうという人なら、先に準備をすべて済ませて、出発前の10分をゆっくりコーヒータイムに当てるというのも名案。忙しさからくる心のイライラも、お出かけ前にきちんと解消することができます。

庭先に咲く小さな花の存在に気がついたり、自然と笑顔であいさつができるようになったり、時間の余裕は心にも余裕をもたらしてくれます。

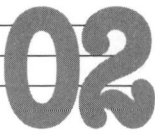

またスピリチュアル的な観点から言えば、うつらうつらしている時間というのは、「いちばん霊的に不安定な時間」とも言われています。普段眠っている感覚や直感が鋭くなっていることが多いので、現実とはちょっと違う自分になっている場合があります。感覚や直感が鋭くなっている分、普段は感じないような悪い「気」を呼び寄せやすいのです。

だからこそ、ゆとりのできた10分で、まずしっかりと自分を目覚めさせて、現実に引き戻してあげることが大切です。

そうすれば、1日を気分良くスタートできるようになります。

自分をしっかり目覚めさせて、悪い気をシャットアウト！

03

目覚めたら、体全体で伸びをする

目が覚めたら、ふとんから起き上がる前に、体全体を使って大きく伸びをするようにしてください。

寝ているときというのは、寝返りを打ったりはしているけれど、体が伸びることはほとんどありません。そこで、起きた直後に体をしっかりと伸ばしてあげると、自然に体の中に新鮮な空気を取り入れることができ、それとともに曲がっていた関節や固まっていた筋肉が一斉に動き始めます。

新しい1日がスタートするということを、体に教えてあげるのです。

実は、就寝中というのは頭も体も休んでいる状態なので、よどんだ悪い「気」が体内に蓄積されてしまう時間帯でもあります。伸びをしないまま動き始めると、頭や体がなかなか動かないばかりか、悪い気のせいで何となく体が重くて疲れた感じが抜けきらないものです。

そこで、体の中を浄化するような気持ちで、伸びをしながら、たっぷりと新鮮な空気を体内に入れてあげましょう。その分悪い気を外に吐き出すことができるので、それだけでヤル気も出るし、頭も体もサッパリしてパワーが出てきます。

目覚めの伸びは、「気」を入れ替える重要な役目を果たしてくれるのです。

体に新鮮な空気を取り入れて、悪い気を吐き出そう！

04

起きたら窓を開ける

朝起きると、自然に窓を開けるという習慣が身についている人も多いのではないでしょうか。これはスピリチュアルの視点から見ても、とても意味のある行動です。

部屋の空気を入れ替えるために窓を開けるのは、無意識のうちに「よどんだ空気を外に出したい」と考えているから。空気の入れ替えというのは、「気」の入れ替えでもあるのです。

人間が1日外で過ごしていると、霊や念といったたぐいのものだけでなく、ケンカやトラブルで生まれた悪い気や、よかれと思ってやったことが逆恨みになってしまったマイナスの気などの良くない気を、一緒に家に持って帰ってきていることがよくあります。そうすると、悪口を言う人のところに悪口を言う人が自然と集まるように、悪い気同士が集まって夜の間に部屋に溜まってしまいます。

そういった「気」を追い出すには、窓を開けるのがいちばん効果的！

部屋に風を入れることによって空気が循環し、悪い気が外に出て、良い気が入ってきやすくなります。

また、太陽の日差しによっても悪い気は浄化されるので、運気がパワーアップします。

起きたときにあまり窓を開けないという人は、積極的に部屋に風や日光を入れることを心がけると良いでしょう。

空気の入れ替えで、
良い気を呼び込み、
運気を上げよう！

05

ミネラルウォーターを飲む

起きてからいろいろと行動に移す前に、まずコップ1杯のミネラルウォーターを飲みましょう。

朝起きてすぐに冷たい水を飲むと、腸の働きが活発になって便秘を解消できるという話をよく聞きますが、実はスピリチュアルの視点から見ると、もう1つの利点があるのです。

人工的に作られたものではなく、天然の湧き水などの自然界にあるものは体や心を浄化してくれる作用があります。だから、湧き水などを利用したミネラルウォーターは、飲むだけで寝ている間に体内に溜まった悪い気を追い出してくれるので、体をスッキリさせるにはとても理にかなった方法と言えます。これで便秘も治すことができれば、まさに一石二鳥ですね。

ただし、天然のものではない水道水では効果が薄いので気をつけて！

ミネラルウォーターの浄化作用で、体も心もスッキリ！

お米から作られた日本酒などにも同じような浄化作用がありますが、起床後に飲むなら、やはりミネラルウォーターが最適でしょう。

また、お昼や休憩時に飲むなら、温かいほうじ茶がおすすめ。

特に「スッキリしたい」と思うときは、ひとつまみの粗塩を入れてから飲むと浄化の効果が高まります。

06

今日やることを1つ決める

起床後、1日の目標を立てましょう。

ただし、達成するまでに何日もかかるような、仕事や将来のための大きな目標ではなく、その日1日でクリアできるような小さな目標で十分。たとえば「一日一善」というようにすれば、範囲が広いので達成しやすくなりますね。

実際にやることは、ゴミを拾う、お年寄りの荷物を持ってあげるなどの、人に対してのことでもいいし、「今日は1駅分だけ歩こう」、「大きい声であいさつしてみよう」、「できるだけ笑うようにしよう」など、自分に対しての目標でも構いません。

その日1日の目標を決めたら、あとは達成できるように努力してください。そして、1日の終わりに、自分でその目標をクリアできたかどうかを振り返ってみます。

もちろん自己判断でＯＫですが、自分にウソをつくことだけはダメ！あくまで、素直に自分の行動を振り返るようにしましょう。

とはいえ、立てた目標は絶対にその日にクリアしなくてはいけないというわけでなく、できなくても「ダメだ」と落ち込む必要もありません。クリアしていないうちは毎日同じ目標にし、達成できたら翌日からまた別の目標を立てれば良いだけ。

昨日より今日、今日より明日というように、毎日少しずつでも目標を持ち続けてがんばることが、自分の中でひとつひとつ小さな自信につながるのです。

小さな目標でも、がんばり続ける気持ちが自信につながる！

07

「良い1日になるように」強く念じる

「今日を良い1日にしたい」と思うことは、とても良いことです。今日も仕事か……とヤル気なく1日を始めてしまうと、そのテンションをずっと引きずり、ダラダラとした気持ちのままで1日が終わってしまいます。同じ1日なら、やっぱり実のある1日にしたいですよね。

そのためにも、起きたときには「今日も良い1日になりますように」と強く念じるようにしてください。気合いも入るので、「気」の流れがプラスの方向に向きやすくなります。

念じるといっても、特に手を合わせる必要はありません。ご先祖様でも神様でも、あなたの信じているものなら何でも良いので、「今日1日楽しく過ごせますように、実のある1日になるようにがんばらせてください」と、心の中で強く思うだけで十分です。

強く思ったことというのは、不思議とその方向に行きやすくなるもの。

メダルを取ったスポーツ選手などが「強く願えば、その思いは叶う」という言葉をよく使いますが、まさにその通りなのです。

「失敗するかも……」と心配ばかりしてマイナス思考でいると、結果もマイナスの方向に行きやすくなってしまいます。

良い1日になるようなイメージを強く心に思い描いて、その日その日をスタートさせましょう。

1日のスタートはプラス思考から始めよう！気の流れも良くなる！

08

お気に入りのものを持ち歩く

何本も時計があるのに、いつも同じ時計ばかり身につけてしまったり、新しいお財布を買っても、なぜか前から使っているものを使ってしまうといった経験はありませんか？　あるいは、ボロボロになったのにいつまでも捨てられず、長い間ずっと使っているものがある、という人も意外と多いのではないでしょうか。

お気に入りのものというのは、あなたにとても良いエネルギーをもたらしてくれます。

出かけるときや旅行に行くとき、これだけは必ず持っていくというものがあれば、それがあなたの「ラッキーアイテム」であり、「お守り」です。

ほとんどの人が、直感で自分の身の回りのものを選んでいるので、無意識のうちに必ず持ち歩くようになったものもあるでしょう。そういったお気に入りのものは、これからも積極的に持ち歩くようにしてください。もし、お気に入りのものが持ち歩けないようなものであれば、携帯電話で写真を撮って画像を保存して持ち歩くというのでもＯＫ。

よく「ものには命がある」と言われますが、それはそのものが持っている「波長」のことを指しています。手に持つと妙にしっくりくるというのは、波長がピッタリと合っているからで、持っているだけで強いエネルギーになってくれるのです。

また、持っているだけでリラックスできるので、あなたを包むオーラからトゲトゲしさがなくなります。

いつも持ち歩いているもの、それがあなたのラッキーアイテム！

09

始業30分前に会社に着くようにする

家を出発するギリギリまで寝ていて、ご飯も食べず、身支度もそこそこにあわてて出かけるというのは良くありません。

常に時間に余裕を持って、行動するようにしましょう。

仕事をしている人は始業30分前には会社へ、学校へ行くなら授業が始まる20分前には到着するようにしてください。

そのためにも、起きる時間は最低でも出発する1時間前が理想的。

起きてから顔を洗って、ご飯を食べて、身支度をしてという出発前の一連の行動にどれぐらいの時間が必要かをきちんと逆算して、起きる時間を決めるようにしましょう。

朝からバタバタとあわてると、忘れ物をしたり事故にも遭いやすくなり、結局は自分自身でトラブルを招いているようなものです。

日頃から常にきちんと規則正しい生活を心がけていると、時間の目測が正確に立てられるようになるので、体や心にきちんとしたリズムができ、ハツラツとした気分で毎日を送れるようになります。

ほかの人から見ても、「この人はきちんとした人だ」という印象を持ってもらえるようになります。人に信用してもらえるということは、自分の自信にもつながるので、良い連鎖反応が生まれます。

余裕を持った行動が、人からの信頼や自分の自信につながる！

10

本音で話すようにする

学校生活においても社会生活においても、相手に自分の本音を話すことは、勇気がいるものです。ましてや、ひとり暮らしや家で仕事をしている人の場合、人と会話をする機会がどうしても減ってしまうので、本音を語る機会が少なくなりがち。

もちろん言葉を交わす、すべての人に本音を話せなくてもＯＫ。その中のたった１人だけにでも、自分が心で思っている本当のことを話すことから始めましょう。

会話をするときに、筋道を立ててうまく話せなかったり、気持ちを上手に言葉にできないと、「もういいや」と相手に伝えることをあきらめてしまった経験はありませんか？　また、こんなことを言うとヘンな人だと思われそう、嫌われてしまうかも……と、相手の話に適当に相槌を打つだけの会話が多いという人もいるでしょう。

それは、「相手に上手に伝えよう、嫌われないようにしよう」と思いすぎて、思ったことを何重にもコーティングして話そうとするから伝わりにくくなるのです。

もちろん、相手を傷つけないように話すことも、上手な人間関係を結ぶためには必要なことですが、相手に遠慮しすぎて、あまりに自分を隠してもストレスが溜まるだけ。

たとえば、やりたくないことを断る勇気も必要、反対にどうしてもやってみたいと伝えるのも勇気。本音を話すことはとても勇気がいることですが、まずは思いきって第一歩を踏み出してみてください。

自分を隠さず思いきって話すことで、自信につながる！

11

1日1回、人のために何かをする

「人のために何かをする」といっても、そんなに肩ひじを張る必要はありません。「良いこと」というのは、自分がやってもらいたいこと、自分がやってもらったら気分が良いこと、という判断で行動できれば、それでOK！

たとえば道端に缶が落ちていたら、汚いから拾うというだけでなく、「お年寄りがこれで転んだりすべったりしたらいけないから、ゴミ箱に捨てよう」と思って拾うことが人のためにつながります。

どこかへ出かけたとき、次に利用する人が不愉快に思うといけないから、ちゃんと片づけてから帰ろうというのも、人のためにした行動になります。

ただ、電車で席を譲るなどの場合はみんなの前でやる行為になるので、自分の中で気負いがあったり、逆に押し売りになって「私はそんな年寄りじゃない」などと、残念ながら断られてしまうこともあります。

だからまずは、人前でなく周りの人が気づかないようなことから始めていきましょう。それがたとえ、どんなに些細なことでも、穏やかでやさしい気持ちがあなたの心を満たしてくれるはずです。そこから徐々に範囲を広げてレベルアップをしていきましょう。

そうすれば、電車で席を譲るときもギクシャクせずに自然にできるようになり、たとえ、もし断られたとしても、心に余裕ができているのでショックは少ないものです。

周囲が気づかない些細なことから、自分自身をレベルアップ！

12

1日2回以上、感謝の気持ちを持つ

どんなときでも、誰かに何かしてもらったときに、「それは当たり前だ」と思ってはいけません。

お母さんがご飯を作ってくれた、同僚や先輩が仕事のフォローをしてくれた、といったことだけでなく、おいしくご飯が食べられる、健康でいられる……そんなことにもひとつひとつ感謝の気持ちを持ってください。

飼っているペットが何も言わなくても、悲しいときや落ち込んでいるときにそっと寄り添ってくれたということでも、「とてもありがたいな、一緒に住んでいて良かったな」と感謝する気持ちが大切です。1日に最低でも2回以上は誰かに感謝する気持ちを持ちましょう。

そして、人に親切にされたら、「なぜそんなことをしてくれたのか」を考えてみて。自分のことを大事に思ってやってくれた、「自分はやさしくされることに値する人間なんだ」と、素直に感謝する気持ちを持ちましょう。もちろん、すぐに気がつかなくても大丈夫。振り返ってみたときに、相手の気持ちに気づくことが重要なのです。

相手に感謝することでやさしい気持ちになれると、それが表情にも出てきます。すると相手も、自分に好感を持ってくれる人に対しては「もっとやさしくしてあげよう」という気持ちになります。そして、さらにあなたもその人を大切にしようと思い、お互いに「気」の流れがクリアになります。

反対に、感謝の気持ちを持てない人は、「気」の流れがよどんでしまうものなのです。

感謝をすると、気の流れがキレイになる!

13

寝る前に、枕を3回叩く

枕の形を整えるかのように、寝る前に無意識のうちに枕をポンポンと自然に叩いている人は案外多いのではないでしょうか。

実はこの動作、枕のかたよりを直すというだけでなく、「気」の流れを良くするための重要な行動でもあるのです。

寝室にはその日背負って帰ってきた悪い気が溜まりやすく、寝ている間に枕の周辺にどんどんと蓄積されていきます。また、しっかり眠れないと気の流れは悪くなります。起きたときに窓を開けたり、日光を取り入れることで、よどんだ気の流れをある程度クリアにすることはできますが、枕やふとんの周辺にはどうしても悪い気が残ってしまうことがあるのです。

そんなときに役立つのが、この枕を叩く方法です。

寝る前に、前日までに溜まった悪い気を追い出すように、枕を3回ほど軽く〝ポンポンポン〟と叩くようにしてください。少しの力で十分に気の流れが変わるので、強く叩く必要はありません。簡単にできることなので、毎日の習慣にすると良いですね。

なお、週末などのお休みの日には、ふとんや枕をこまめに干して、しっかりと風や日光に当てると、よどんだ気をさらにキレイに浄化することができます。そうすることで、さらに心身ともにグッスリと熟睡することができるようになります。

枕を〝ポンポンポン〟と叩いて、悪い気をしっかり追い出して！

14

寝る前に、今日1日の反省をする

眠りにつく前には、ふとんの中で今日1日の反省をするようにしましょう。反省といっても、それほど難しく考える必要はありません。朝起きてから寝るまでのできごとを振り返っていくだけでOK。途中で寝てしまっても、問題ありません。

たとえば、「今日はおいしいものをごちそうになって良かったなぁ」ということでも良いし、「仕事での大きなミスを周りの人が助けてくれてありがたかった」というのも反省。

ケンカをした日の場合、腹を立てたまま寝るのではなく反省しながら寝ると、仲直りをしたり、余計に険悪になったりする夢を見る人が多いものです。これは夢があなたを誘導してくれて、目覚めたときに謝りの電話をかけるなど、何かしらの良い行動ができるように後押ししてくれているのです。

イヤな1日になってしまった日は、自分の言動に何か問題がなかったか、素直に振り返ってみてください。

反省するときは、ただマイナス面を考えるだけではダメ。「今度同じことが起きたら、こうしよう」という対応策を考えるのがポイントです。

生きていれば反省することばかりですが、「イヤだったことをもう見たくない、考えたくない」と思うと前に進まず、そこで終わってしまいます。反省することで悪かったところを直す（間違いを正す）と、「気」の流れが清められるので、あなたからプラスのエネルギーが出るようになります。

今日1日を素直に反省すると、翌朝の目覚めが変わる！

15

休日には昼寝をする

休日もいつもと同じ時間に起きるのは辛いものですが、できるだけ普段と同じ時間に起きるようにして、足りない分は昼寝で補うようにしましょう。

お正月や夏休みなどの長い休みでも、朝はきちんと決まった時間に起きることがポイント。お休みだからとダラダラした生活を送ってしまうと、休み明けが辛くなり、体にも良くありません。

どうしても眠いというときには、朝起きて顔だけ洗って、あとはテレビでも見ながら寝てしまってもＯＫ！　まず、起きる時間のリズムを体に覚えさせることが大切です。

出かけない休日であれば、あらかじめスケジュールの中にお昼寝を組み込むようにしてください。

昼寝には、夜寝る分の2倍の睡眠効果やリラックス効果があると言われているので、日頃の睡眠不足を補うにはうってつけ。

ただ昼寝も長く寝すぎてしまうと、よけいに体が疲れたり夜眠れなくなってしまうなど逆効果になるので、1時間程度にすると良いでしょう。

睡眠には、頭や体をしっかり休めて、翌日の活力を作るという重要な役割があります。平日は忙しくてなかなか睡眠時間をしっかりとれないという現代人にこそ、休日の昼寝を取り入れてもらいたいものです。


休日は適度な昼寝でリフレッシュ＆パワーアップを！

16

「思う」だけでなく言葉に出す

ひとり暮らしの人というのは、学校や会社に行かないと、会話をする機会が少ないものです。また、家族と一緒に住んでいても、帰宅時間や仕事の時間帯が違うから、会話をする時間が少ないという人もいるでしょう。

もし、あなたが自分なりに考えて「人との会話が少ない」と感じているなら、日常生活で積極的に声を出すことを実践してください。

話しかける相手は、飼っているペットや花、観葉植物、テレビに対してでもOK！　本を読みながら、「そんなこと、あるわけないよ！」と声に出して言うだけでも良いのです。まずは、話す対象を決めましょう。

頭の中で思うだけでなく「言葉に出す」という行動は、それだけでストレスの発散になります。もちろん、すべて意味のあることを言わなくても、自然に心に浮かんだ言葉を口にするだけでも十分。「心の声をきちんと口に出す」という練習になるからです。

いちばん良くないのは、言いたいことを心に溜めてしまうこと。あまりに溜め込んでしまうと、「負の気持ち」がどんどん増幅し、悪い思念に発展する恐れがあります。

悪い念で自分の心をゆがめる前に、心の声を口に出すようにすれば、実際に人と会話するときも、自分が本当に思っていること、感じていることを、相手にきちんと伝えることができるようになりますよ。

心の声を実際に口に出すことは、ストレス発散に効果大！

16項目をすべてクリアすることができましたか？

規則正しい生活というのは簡単なようで意外と難しいものですが、毎日の習慣にしてしまえばしめたもの。いつもバタバタとあわただしく家を出るより、ゆとりのある朝を過ごしたほうが気持ちに余裕が生まれ、穏やかな1日が過ごせます。体の調子も良くなり、スッキリとしたワンランク上の心に生まれ変わっていることでしょう。この達成感こそ、今後のトレーニングには欠かせないものです。

なお、苦手な項目や、なかなか達成できない項目は必ず繰り返しチャレンジし、すべての項目をきちんとクリアしてから、次のＳＴＥＰ２へ進みましょう。

項目チェックシート

- □ 毎日、同じ時間に起きる
- □ いつもより10分早く起きる
- □ 目覚めたら、体全体で伸びをする
- □ 起きたら窓を開ける
- □ ミネラルウォーターを飲む
- □ 今日やることを１つ決める
- □ 「良い１日になるように」強く念じる
- □ お気に入りのものを持ち歩く
- □ 始業30分前に会社に着くようにする
- □ 本音で話すようにする
- □ 1日1回、人のために何かをする
- □ 1日2回以上、感謝の気持ちを持つ
- □ 寝る前に、枕を3回叩く
- □ 寝る前に、今日1日の反省をする
- □ 休日には昼寝をする
- □ 「思う」だけでなく言葉に出す

スピリチュアルパワーを高めるプチ体操

適度な運動は体に良いと知っていても、習慣になっていないと、なかなかできないものですよね。

でも、体を動かすことは、「気」を高めるのにも、とても有効な方法です。体の中の空気を入れ替えることで気の流れが浄化されるので、スピリチュアルパワーを高めることができるのです。

ジムに通ったり、ジョギングをしたりというのは、おっくうでなかなかできないという人におすすめなのが、実はラジオ体操！

ラジオ体操は、体を効率良く動かせるだけでなく、スピリチュアルパワーを高めるのに最適な運動がいくつか含まれているので、特におすすめの動きを3つご紹介しておきましょう。

普段運動をしていない人や、何だか元気が出ないというときには、このプチ体操を毎日のちょっとした空き時間にやってみてください。

1 背筋を伸ばす

背筋を十分に伸ばし、息を吸いながらゆっくり腕を上げ、息をしっかり吐きながら腕を横から下ろします。体の中に新鮮な空気を循環させることで、「悪い気を追い出して良い気を取り入れる」というイメージで行いましょう。

❶ 腕を前から上に上げて、背伸びをする。

❷ 腕を横から下ろす。

❸ この動作を2回繰り返す。

2 胸を反らす

胸を大きく広げることで圧迫を取り除き、呼吸を活発にさせます。呼吸が活発になることで、体内に新鮮な空気が入りやすくなります。ポイントは、胸を反らすときに指先までしっかりと伸ばすこと。

❶ 脚を横に出しながら、腕を横に振る。

❷ その腕を横に開きながら、胸を大きく反らす。

❸ この動作を4回繰り返す。

3 深呼吸をする

深い呼吸は、体や心を落ち着かせる働きを持っています。呼吸を深くゆっくり行うことで、体内の気をしっかり入れ替えることができるので、できるだけゆっくり、ゆったりとした気持ちで行うようにしましょう。

❶ 腕を前から上、斜めに開きながら、ゆっくりと息を吸う。

❷ 腕を横から下ろしながら、息をゆっくりと吐く。

❸ この動作を4回繰り返す。

STEP 2

自然に触れて、心と体を活性化させよう！

以前より少し気の流れが良くなってきたところで、次にチャレンジしてほしいことは、心と体を活性化させるトレーニングです。このＳＴＥＰのキーワードは、ズバリ〝自然〟。キレイな空気や美しい風景、純粋な動物たちは、弱った心や体を元気にするサプリメントです。また、自然には悪い気の流れを浄化させる驚くべき力があるので、この力を上手に借りながら、あせらずにゆっくりとトレーニングを進めていきましょう。

01

花や土など、自然のものに触れる

花や木、土などの身近にある〝自然のもの〟に手を触れてみましょう。自然と触れ合うことで、よどんだ「気」が浄化され、生きる活力ともなるパワーを得ることができます。

家に植物があれば、水やりをするときにでも、花や葉、土を直接手で触れるようにしてください。体の中の気の流れが、とてもクリアになります。

都会に住んでいる人なら、街路樹の葉や幹、花屋さんのお花をちょっと触るだけでも、全然違ってきます。

人間は自然の中で生活し、それに触れることで、不思議と体も心も活性化されるようになっています。また、もともと人にはケガや病気に対抗する力として自然治癒力が備わっていますが、自然と触れ合うことでその力がアップします。緑や空き地が少なくなっている現代では、自然治癒力を眠らせてしまっている人も多いのです。

お子さんがいるのであれば、「服が汚れるから、危ないから……」と土に触れることを遠ざけるのではなく、自然に触れる機会をたくさん作ってあげると良いですね。

人間は、太陽や酸素、水がなければ生きていけません。これは、植物やほかの動物と同じです。だからこそ自然の中に身を置き、触れることでパワーを分けてもらい、自分自身を積極的に活性化させてあげましょう。

自然からパワーをもらって、体も心も積極的に活性化！

02

部屋に観葉植物を置く

いつも穏やかに落ち着いた気持ちで過ごしたいなら、部屋に観葉植物を置くと良いでしょう。

観葉植物には悪い気を吸い込んで、良い気を集める働きがあります。植物の力を借りて家の中の「気」をコントロールすることで、気持ちをしっかりと安定させることができます。

ただ、いくら観葉植物が良いからといって、たくさん置くのは逆効果。その分、多くの「気」を集めてしまうので部屋の中がザワザワとしてしまい、人間がその中にいると疲れてしまうのです。また、植物同士がケンカをしてお互いが枯れてしまうこともあります。置くなら、各部屋に1つだけにしましょう。

置き場所としておすすめなのは、風通しが良く、日の当たる場所です。太陽は植物の成長に欠かせないだけでなく、集めた悪い気も浄化してくれるので、植物の力が弱まりません。さらに、風が通ることで「気」が室内に停滞せず、外に出ていってくれます。

もし、きちんと水やりもしてちゃんと世話をしていたにも関わらず、置いていた観葉植物が枯れてしまったなら、それは溜まっていた悪い気を全部吸い込んでくれたと思ってください。

枯れたものをいつまでも置いておくと逆に良くないので、「今までありがとう」と感謝の言葉をかけてから捨てるようにしてください。

植物の力で、良い気を集めてパワーアップ！

03

動物に触れる

動物の頭や体をなでてあげただけで、心が癒されたという経験はありませんか。動物というのは、人間のように駆け引きの心がありません。飼い主に癒しや元気を与えてくれたとしても、ペットたちがその見返りを求めることもありません。その純粋で無垢な心が、人間に良い影響を与えてくれるのです。

ペットを飼っているなら、疲れて帰ってきたときにこそ、ぜひ頭をなでたり、一緒に遊んであげてください。トゲトゲとしていた気持ちが癒され、いろいろな「気」をもらうことで、気の流れが活性化されます。

たとえば、嫌なことがあっても、「もう少しガマンして続けてみようかな」「自分が病気になったらこの子の面倒を見る人がいなくなるからがんばらなくちゃ」など、あなたのヤル気を引き出してくれるはずです。

自分では飼っていなくても、近所の人やお友達が飼っていれば、ぜひ触らせてもらいましょう（ただし、触るときには、必ず飼い主に断ってからにしてください）。

そうはいっても、なかなか触ることができない人や動物アレルギーの人もいますから、その場合は〝動物のぬいぐるみ〟や〝動物が映っている映像（ビデオやＤＶＤなど）〟でもＯＫ！　好きな動物のぬいぐるみを部屋に置いて触ったり、動物の映像を見ることでも良い影響を受け、気の流れが活性化されます。

やさしい気持ちになれたり、忘れかけていた純粋な心を思い出したりと、動物たちがきっとあなたを助けてくれるはずです。

動物に触れることで、純粋でやさしい気持ちを取り戻して！

04

水に2～3分手をつける

仕事中にミスをしたり忙しさが続くと、気分転換をしたくなりますよね。とはいえ、長時間、席を外すわけにもいかないので、そんなときには仕事の合間でも手軽にできるリフレッシュ方法を試してみましょう。

お手洗いや給湯室などで洗面台やおけに水をはって、そこに2～3分で良いので両手をつけてみてください。冬なら、ちょっとぬるめのお湯でもOK。

特に女性の場合はメイクをしているので、スッキリしたいからといって水でバシャバシャと顔を洗うわけにもいきませんが、手なら簡単!

指先などの末端部分は水から良い気を吸い込みやすいので、止まっている「気」の流れが動き出して気持ちを活性化してくれます。イライラしているときの気分転換だけでなく、眠くなってしまったときの対処法としても取り入れてみてください。

さらにおすすめなのが、アロマオイルを使った方法です。自分の好きな香りを1～2滴ほど水に入れてから手をつけると、より効果的。

スッキリしたいときはミント系、カリカリしているときならラベンダーと香りを使い分けても良いでしょう。

指先だけでなく、鼻からも香りが入ってくることで、リラックス効果はさらに高まります。

指先から水の良い気を吸い込んで、上手な気分転換を！

05

空を見る

最近、空を見上げていますか？

朝の太陽、昼間の空に流れる雲、夜の空に輝く月や星……どれをとっても気持ちを穏やかにしてくれる力を持っています。

たとえば、雲を見て「あれは、魚の形に見えるよね」と思うだけでも、童心に返ることができます。

穏やかな子どもの心というのは、実はとても大切なもの。大人になると、つい利益や損得勘定ばかりを考えて行動してしまいがちで、「自分が得をしたい、相手が得をすると腹が立つ」というように、だんだんと心がよどんできます。本当は素直になりたいのに、わざと相手に意地悪なことを言ってしまうこともあるでしょう。

イライラしているときは、空を見上げてください。「今日の空は青いなぁ」「飛行機が飛んでるなぁ」と思うだけで、気持ちに余裕が生まれ、上を向いて歩こう！
気持ちが穏やかになり
プラス思考になれる！

あなたをイラ立たせる日常から解き放ってくれます。

空を見るという行動は、もう1つメリットがあります。

アクセクと生活しているときはあまり上を見ないし、自信のないときも目線は下向きになるもの。空を見ることを習慣にすれば、自然と顔が上向きになり、自信が出てきます。

目が澄んでくると同時に、気持ちまで澄んできてプラス思考になり、物事が良い方向に運ぶようになりますよ。

06

星を見る

「元気がないな、疲れているな」というときは、しばらくの間、何も考えずにただボーっと星を眺めてみてください。

星空は見ているだけでリラックスでき、癒しの効果があるので、よどんだ気の流れをクリアにする力があります。

太陽が持つ力強い浄化作用とは違い、穏やかな力で気の流れを良い方向へと導いてくれるので、疲れて帰ってきた夜にピッタリの浄化方法です。眺めているうちに徐々に気持ちがスッキリしてくるので、ゆったりとリラックスした気分で眠りにつけることでしょう。温かいほうじ茶を飲みながら眺めると、さらに浄化の効果が高まります。

星空をなかなか見られないという都会の人なら、街の灯りが少ない田舎を選んで旅行すると良いでしょう。いつも見ている空とは違い、クッキリとした満天の星空を見ることができます。寝転んで眺めていると、自分でもビックリするぐらい穏やかな気持ちになり、心がグンと軽くなるはずです。

もっと手軽な方法としては、プラネタリウムに行ったり、部屋の天井や壁に星空を投影するグッズを使うのもおすすめです。

人工のものは効果がないと思われがちですが、自然を模して作られているので、実際の星空に近い効果を得ることができます。

なかなか旅行に行く時間がないという人は、ぜひ試してみてください。

穏やかな浄化作用で、疲れた心をやさしくほぐす！

07

満月を見る

満月のときは、積極的に空を見上げましょう。

ただし、あまりに落ち込んでいるようなときは見ないほうが良いです。というのも、満月には「不思議なパワーがある」とよく言われますが、その人の状態や気持ちにより、「プラスのパワー」にも「マイナスのパワー」にもなりうるからです。

良い気の流れのときや元気なときに見ると、さらに良いパワーを与えてくれますが、精神状態があまり良くないときに見ると、よりマイナスの気分に落ちてしまうのです。

また、「満月のときは出産が増える」とも言われるように、実は体の構造とも密接なつながりがあります。

たとえば、満月を見ることによって体の血流が良くなるので、気持ちが高揚してくるなどの効果があるのです。その延長線上のお話である狼男などは、みなさんもよく知っていますよね。

人間は機械ではないのですから、気持ちが前向きになる日もあれば、後ろ向きになる日もあると思います。

今の自分を客観的に見て、「前向きで充足感があり、良い精神状態にある」と感じられるときこそ、満月の神秘的な光でさらなるパワーをもらい、体に強い「気」の流れを取り込みましょう。


元気なときこそ、満月のパワーでフル充電を！

08

海や川のある場所へ出かける

普段はなかなか耳にすることはできませんが、海や川に出かけ、波の音や川のせせらぎを聞くと自然と心が落ち着いてきます。河原に腰を下ろして、ただボーっと川面を見つめるだけでも、ざわついた心が落ち着いていくのを感じることができるでしょう。

みなさんも、滝の近くなどの水辺ではマイナスイオンが豊富だということを、一度は聞いたことがあるのではないでしょうか。

水辺で発生するマイナスイオンは体に良いというだけでなく、終わることのない水の流れやその音は、精神を落ち着かせ、気の流れを浄化する働きを持っています。

最近、「マイナス思考になっているな」と思うことはありませんか。「辛い、悔しい、憎たらしい」といったマイナスの心は、同じような気持ちを持つ霊体と波長が合うので、好んで寄ってきてしまいます。

また、マイナス思考は守護霊の力を弱めるので、悪い気をはね返すパワーが弱まります。「精神的に疲れているな」と感じるなら、ぜひ海や川に出かけてみてください。

本来、霊体は水の近くに集まりやすいのですが、近くに木や植物があれば大丈夫。悪い霊体をしっかり浄化してくれます。

そして、あなたのねたみや恨み、ひがみなどでよどんだ心を、海や川の水がキレイに洗い流してくれることでしょう。

疲れた心は、海や川の水でスッキリきれいに洗い流そう！

09

空気のキレイな場所に出かける

山や森などの緑の多い場所に出かけたときは、思わず深呼吸をしたくなりますよね。普段コンクリートやビルに囲まれた都会で過ごしているならなおさら、空気のキレイさをはっきりと実感できることでしょう。

木は地球上の二酸化炭素を吸って、太陽の光を浴びることで酸素を作り出すという大きな役目を果たしています。木が多い山や森というのはそれだけ新鮮な酸素が豊富なので、目には見えなくても体がしっかり反応して、誰しも深い呼吸をしたくなるのです。

仕事や学校に追われて毎日を忙しく過ごしていると、知らず知らずのうちに、いろいろな悪い気をしょいこんでしまっています。そんなときでも、キレイな空気をたっぷり吸い込めば、体の中のすみずみまで循環して、悪い気を体の外へと追い出してくれます。

山や森の中を歩くことで心が解きほぐされ、自然とやさしい気持ちになれるのは、体の中の気の流れがクリアになってきている証拠です。

体内の気の流れがキレイになると、心に良いだけでなく、もちろん体にも良い効果が現れます。

身も心もリフレッシュするために、休日にはぜひ山や森に出かけ、キレイな空気を体いっぱい吸い込んでください。

キレイな空気で体を浄化、心身ともにリフレッシュ！

10

朝の公園を散歩する

いくら自然の多い場所に出かけるのが良いといっても、観光地であまりにも人がたくさんいるような場所はおすすめできません。

人の声などであまりに騒々しいと気持ちが落ち着かず、せっかく自然の中に身を置いていても、とてもリラックスするという気分にはなれないでしょう。

また、人が多いと、それだけ悪い気をしょっている人も多く集まってきているので、その「気」に引っ張られてしまうことがあります。

マイナスとプラスの「気」を比べると、マイナスのほうがパワーは強いもの。楽しい、うれしいといったプラスの気持ちはそれほど持続しないのですが、悲しみや恨みといったマイナスの気持ちはそう簡単に消えるものではなく、たとえ本人に自覚がなくても長く持続するのです。

せっかく自然の多い場所に出かけても、「マイナスの気」をもらってきては逆効果です。

そこで、普段の生活の中で、手軽にリフレッシュしたいのであれば、公園が一番おすすめ。木々が豊富で池があれば、なお良いでしょう。

ただし、夜は悪い気が多く、体も疲れていて気持ちがトーンダウンしているので、行くなら朝がベスト！　人があまりいないので空気もキレイで、木々や池から良い気を取り込めます。

さらに、これから太陽が上がっていくときの日光が1日の中で最も浄化作用が強いので、1日のスタートにはピッタリと言えるでしょう。

朝の公園で良い気を取り込んで、1日を元気にスタート！

11

キレイな風景画や写真を飾る

旅行先で見た壮大な山々の情景や一面に広がる花畑など、自分の心に深く印象に残っている自然の風景があれば、ぜひその場所の風景画や写真を手に入れましょう。

もちろん、自分で撮影したスナップ写真でもＯＫ。これから行きたいと思っている場所を紹介した、雑誌の切り抜き写真などでも構いません。

そして、そのお気に入りの風景画や写真が手に入ったなら、ぜひ部屋に飾るようにしてください。

以前に旅行した場所のものであれば、そのときに感動した強い感覚を呼び起こしてくれることでしょう。これから行きたいと思っている場所の風景であれば、「実際にこの場所に行って見てみたい」と、さらに憧れが強まることでしょう。

こうした、自然への強烈な感動や憧れは、あなたの心に良い気をもたらします。また、部屋に飾るだけで、そこが安らぎを与えてくれる空間にもなります。

無感動であったり、ヤル気がまったく感じられなかったりする人の目は、よく〝死んだ魚のような目〟と表現されますが、常にキレイな風景を見続けている人は、目も澄んで輝いてきます。

輝いた目を持つ人は、目に力があるのでヤル気が感じられ、周囲の人からも好印象を持たれるのです。

部屋に飾るだけで、目に力が生まれ、気の力がアップする！

12

キレイな風景を映した映像を見る

山や川などのキレイな風景を実際に見に行ければベストですが、なかなかそんな時間も取れないという人なら、自然の美しさをテーマにした映像を見ると良いでしょう。

映像とはいえ、目から直接入ってくるものなので、脳への伝達もスムーズで早く、その場へ行ったような感覚になれます。

おすすめの映像は、里山ののどかな風景や川の流れる映像、熱帯魚などのイメージビデオ。ＮＨＫなどでもよく放送されているので、録画しておくといつでも見られるのでおすすめです。自然遺産をテーマにしたＤＶＤやビデオをレンタルしてきても良いですね。

見るときのポイントとしては、部屋を暗くすること。精神統一しやすく、映像の世界にすんなりと入っていくことができます。

そして何より、「キレイだなぁ、ここに行きたいなぁ」と素直に感じながら見ることが大切です。

心がキレイでないと、美しいものに素直に感動することはできません。ですが、キレイな風景を意識的に脳内にインプットし、蓄積することで、浄化作用を高めることができます。

映像なら普段の生活に手軽に取り入れることができるので、心や気の流れを浄化したいときには、ぜひ実践してみてください。

美しい自然の映像で、浄化作用を高めよう！

13

週に2〜3日は運動する

ジョギングでもウォーキングでも、運動は続けることがおっくうだからこそ、忍耐力がつきます。

運動をする習慣がないという人は、まず1週間のうちに2〜3日、少しの時間で良いので、腹筋やヨガなど気軽にできる運動を続けて行うということを目標にしてください。筋肉がついて健康的になるだけでなく、「目標を達成しよう」という気持ちが忍耐力を作り、精神面も強くしてくれます。

当たり前のことと思われるかもしれませんが、人と上手につき合っていきたいと思うなら、ガマンをする気持ちはとても大切ですよね。この気持ちがないと、人とぶつかることが増えたり、仕事を始めても途中ですぐにイヤになったりと、社会生活ではトラブル続きになってしまうことでしょう。

軽いものでも運動を続けることで忍耐力だけでなく、やり遂げたあとの達成感も得られます。

大人になると達成感を味わう機会は少なくなりますが、特別に大きなことを成し遂げなくても、小さな達成感を積み重ねることで確実にあなたの自信につながります。多少イヤなことがあっても、精神力で乗り越えられるようになるのです。

また、良い汗をかくことで爽快感から気分も良くなり、不思議と寛大な気持ちになれるものです。もちろん気の流れもクリアになります。

簡単な運動でも続けていれば精神力がアップする！

すべての項目をクリアできましたか？

このＳＴＥＰは自然のものと触れ合うことを目的にしていたので、自然の良さを改めて実感した人も多いことでしょう。自然というのは、私たちの心や体と密接につながっているのです。

これまでの２つのＳＴＥＰで、気の流れを整え、さらに活性化させることができたので、あなたのスピリチュアルパワーのレベルはずいぶん上がってきています。

苦手な項目やなかなか達成できない項目は必ず繰り返しチャレンジし、すべての項目をきちんとクリアしてから、次のＳＴＥＰ３へ進みましょう。

項目チェックシート

- □ 花や土など、自然のものに触れる
- □ 部屋に観葉植物を置く
- □ 動物に触れる
- □ 水に2〜3分手をつける
- □ 空を見る
- □ 星を見る
- □ 満月を見る
- □ 海や川のある場所へ出かける
- □ 空気のキレイな場所に出かける
- □ 朝の公園を散歩する
- □ キレイな風景画や写真を飾る
- □ キレイな風景を映した映像を見る
- □ 週に2〜3日は運動する

隠れたパワースポット、お墓に行こう！

「お墓」と聞くと、どうしても暗くてマイナスなイメージがありますが、実はあなたの心と体を活性化するパワースポットでもあるのです。

私のところに相談に来られる方の多くが、「自分の守護霊」について質問されますが、ご先祖様であることが大半。つまり、お墓は、あなたを守ってくれている人がまつられている場所なのだから、決してコワイところではないのです。

もしあなたが、心にも体にもパワーをつけたいと思っているなら、ぜひお墓参りをして、墓石やその周囲を掃除するようにしてください。帰るころにはネガティブな気分が晴れ、気持ちが軽やかになっていることでしょう。

ただし、ご先祖様には近況報告などをするだけにし、あまり頼みごとをすべきではないということを覚えておいてください。

お墓が遠くてなかなか行けないという人なら、部屋のどこか1ヶ所でもキレイにするように心がけて。

おすすめなのは、キッチンや浴室、トイレなどの水まわりです。水まわりは運気を左右する場所なので、いつもできるだけキレイにしておくと良いでしょう。

STEP 3

プラス思考になろう！

これまでのＳＴＥＰとは違い、クリアすることにそれなりの努力を必要とするトレーニングが含まれています。誰もが「プラス思考になりたい」と願うものですが、そう簡単には自分の心を思いどおりにコントロールすることはできません。自分の性格や相手の性格、長所、短所など、パッと見ただけではわからない部分まで掘り下げることで、ちょっとしたことではへこたれない強い精神力を身につけていきましょう。

01

自分の良いところを探す

誰しも自分のイヤなところを数えていくと、結構たくさんあるものです。でも「自分の好きなところ、良いところはどこか」と聞かれたら、意外と思いつかなかったり、ちょっとおこがましくて人には言えなかったり……。考えれば考えるほど、「自分に良いところはないいんじゃないか」と、どんどん自信がなくなってしまう人もいるかもしれません。

大げさに考えなくても、本当に小さなことで良いのです。「髪の毛がキレイ」「手がキレイ」など外見に関することでも良いし、「靴は脱いだら必ず揃える」「食べ物は残さないほうだ」などのほんの些細なことでも結構です。自分が思いつく「自分の良いところ」を周りの評価に関係なく、どんどん挙げていきましょう。

頭の中だけではなかなか思いつかなければ、紙に書き出す方法がおすすめ。活字にすると、自分の良いところをより実感することができるでしょう。そして、「自分の良いところ」を思いついたときには、いつでもそこに書き込むようにしてください。

「先週までは3つだったけど、今週はもう1つ増えた！」となれば、素直に喜びましょう。「1つ減ってしまった……」と思うなら、それを反省材料として今後の生活に生かしていけば良いのです。

さらに、書き出した紙は目につくところに貼っておくと、意識しやすいのでさらに効果が高まります。

「自分の良いところは、まずは自分で見つけてあげる」ことを目標にしましょう。

あなたの一番の良き理解者は、あなた自身！

02

自分の良いところをほめて伸ばす

自分の良いところをいくつか見つけ、それを紙に書き出したなら、次の段階は〝ほめて伸ばす〟ということを意識してみましょう。

わかりやすい例を挙げるなら、芸能人はデビューしたばかりの頃より、数年たったほうが断然キレイになっていると感じる人が多いと思います。それは周りのみんなから、「キレイだね」「カワイイね」と言われ続けることによって、自分の自信につながり、「もっと良くなろう」と努力するからです。

人に自信をもたらす、この〝ほめる〟という行為は非常に大切なもの。人間とは不思議なもので、ほめられると本当にその通りになっていくものなのです。かといって、ほめ上手な人が周りにたくさんいるとは限らないので、まずは「自分で自分の良いところをほめてあげること」を心がけてください。そうすることによって、自分をより良い方向に変えていくことができます。

人にやさしくしてあげたら、自分で「私ってやさしい性格だよね」と考えて、それを意識の中にインプットしていきます。そうすることによって、何かいじわるなことを言いたくなったときでも、「私はやさしい子なんだから」と自分を制することができるようになります。

その結果、今まで以上に心がやさしくなるし、気持ちも活性化します。そのうちに、黙っていても周囲にあなたの良いところが伝わっていくので、好印象を与えることができるようになるでしょう。

ほめて伸ばせば、より良い自分に近づける！

03

自分を好きになる

まず自分を好きになってあげないと、前に進むことはできないということを忘れないでください。自分を好きになるためには、ただ自分の良いところを見つけるだけでなく、特に〝性格の部分〟を重要視することが大切です。

とはいっても、「じゃあ、素直なところが良いのかなぁ」とムリヤリ考えても、それでは表面的なだけ。「素直だけど、そのどこが良いのか」をもう少し掘り下げながら自己分析する必要があります。

たとえば、それで「素直＝結構だまされやすい」という結論に行き着いたとしても、それで自分を嫌いになることはありません。たとえ、だまされやすいにしろ、人に好かれるタイプで友達も多いし、「やっぱりそこが良いところなんだ」とプラスに思えればそれで十分。自分を好きになろうと努力する、それだけでも考え方は変わってきます。

「自分が嫌い」と投げやりになるより、ずっと素晴らしい人生を送れると思いませんか？

自分を好きになると自信が生まれ、気持ちに余裕が出て、プラスの方向に物事を考えられるようになります。「誰が何と言おうと、私は私が好きだし、私が私を守らなきゃ」と思っている人は、精神的にとても強くなれるのです（ただし、自分を好きになるためには、多少、自分本位になるということもお忘れなく）。

あまりに度が過ぎるのは良くないですが、自分を守ってあげられるのは自分しかいないのだから、多少自分本位であっても、自分を大切に思うことはとても良いことなのです。

自分が好き！　そう思うことで精神的に強くなれる！

04

人の評価を気にしすぎない

周りにいる人の評価を気にする人は多いものです。人の評価を気にしすぎて悩んでしまったり、落ち込んだりする人もいます。

たとえば、「友達ができにくい」と悩んでいる人は少なくありませんが、それは人の評価を気にしすぎているから。

そんなときは「自分が誰とでも広く浅く仲良くするタイプでなく、心から好きで信頼のできる友達ができるまでじっくり待つタイプなんだ」と思うようにしてください。「そうやって落ち着いて冷静に考えられる自分が好きだ」と思えれば気持ちがあせらず、「自分は1人きりだ」と悩むこともなくなります。

「みんなと自分は違うからうまくやっていけない」という考えもあれば、「みんなと違うことこそ、その人の個性であり長所だ」という考え方もあります。

大切なのは、「できるだけ人の評価を気にしすぎない」ということ。

覚えておいてほしいことは、自分で自分を好きになれなければ、人が自分を好きになってはくれないということ。

どんなときでも自分を守ってあげたり、裏切らずにやさしくしてあげられるのは、自分しかいません。

ほかの誰でもなく、「自分自身こそ、いちばん大切にしてあげなければいけない存在なのだ」ということを常に忘れないでいてください。

かけがえのない自分を、ほかの誰よりも大切に思って！

05

占いを信じすぎない

占いをしてもらうと、良いことはもちろん、悪いことを言われることがあります。良いことを言われたら、「この占い師は当たる」と素直に思ってください。でも、あまりに悪いことを言われたときは、「この占い師は当たらない」と思うことが大切です。

たとえば、「近々、あなたはケガをしますよ」と言われたとしましょう。そうすると、「ケガをしたらどうしよう」と不安に感じてしまうものですが、それはあなたをマイナスな気分にさせるだけ。もし本当にそれでケガしてしまったら、「やっぱり……」と思ってしまいますよね。

人間には〝思考の連鎖〟というものがあり、悪いことを考えると本当に悪い方向に行ってしまうことがよくあります。言い換えれば、良いほうに考えると良い方向に行くということ。

ケガをすると言われたときには、身代わりにどこかにコツンと足をぶつけておいてください。これで「小さいケガは済んでいるから、もう大きなケガはしない」と思うようにするのです。

雑誌や新聞の占いでも同じ。考え方次第で1日の気分が違ってくるのだから、良いことだけを信じれば良いのです。

全部が全部というわけではありませんが、たとえ悪いことを予知されたとしてもそれはほぼ避けられること。占いに「絶対」などありません。考え方や行動を変えることで回避できる方法は必ずあるのだから、マイナス思考に陥らないことが大切です。

良いほうに考えれば、道は良い方向に開ける！

06

人の良いところを探す

自分のイヤなところばかり目につく人は、人のイヤなところにも厳しくなるものです。でも自分の良いところを探せるようになれば、人の良いところも細かい部分まで気がついてあげられるようになります。

気がついたことは、特に相手に伝えなくてもOK。心の中で思うようにするだけで、その人を見る目や顔つきが自然とやさしくなるので、相手もあなたに対してやさしい対応をしてくれるでしょう。

反対に、「この人イヤだなぁ」と思ってしまうと顔つきが厳しくなり、それが相手にも伝わるので不愉快な応対をされることになります。

思い当たるフシはありませんか？

どんなにイヤな人であっても、必ず1つや2つ、良いところがあるものです。

あなたにとって、よりプラスになるのは、特に「あまり好きではない人」の良いところを探すことです。そうすればイライラすることも少なくなり、前向きな関係を築けるようになるでしょう。

人のイヤなところが気になるときは、「なぜこの人はそうするのか」を突き詰めて考えてみてください。

感じの悪い口の聞き方をされたら、「私の言い方が何かまずかったのかな」と考えると、それからは自分の話し方に気をつけるようになります。話し方を変えたら、その人も変わるかもしれません。

相手を否定する前に、自分の常識や考え方に固執していないか自己反省することで、人としてステップアップすることができますよ。

相手に好意を持つと、自分にも好意を持ってもらえる！

07

人にやさしくする

多くの人にとって、代表的なストレスや悩み事のタネになっているのが、「人間関係にまつわるもの」ではないでしょうか。

この関係を円滑にするのに欠かせないのが〝やさしさ〟です。関係を結ぶ両者になくてはならないもので、どちらか片方でも〝やさしさ〟が欠けると、さまざまなトラブルの原因になるものです。人にやさしくされてイヤな気分になる人はいないのですから、積極的に人にやさしくすることはメリットだらけと言えるでしょう。

人にやさしくするためには、その人の良いところを見つけてあげることが一番！

相手を好意的に見てあげられるようになると、一緒にいるときも「お腹空いてない？」「飲み物は大丈夫？」と、自然にやさしくできるようになりますよね。無理に何かしてあげようと考えなくても、自然な中で相手を思いやることができるようになります。その結果、相手も自分に対して好意的な態度を取ってくれることにつながり、お互いを思いやれる関係になれます。

好意を持ってくれている相手からなら、たとえ自分と違う意見を言われても「そうだよね」と受け止めることができ、トラブルも起きにくくなります。

相手の気持ちや立場、状況を思いやるというのは、ときには難しいこともありますが、人に対するやさしさを忘れずに毎日を過ごすことで、より楽しく実りのある人生になることでしょう。

人と良い関係が結べるので、毎日が楽しく実りあるものになる！

08

すべての人、物をほめる

会うたびにグチや文句、人の悪口ばかり言う人がいますが、それを聞いているだけで体の中にはマイナスの「気」が流れ込んできます。すべての人や物をほめるというのは〝それとは正反対のこと〟と考えてください。「そのバッグかわいい！」「今日の服、よく似合うね」「仕事すごくがんばってるよね」など、１ヶ所でも２ヶ所でも良いので、会った人をほめるようにしてください。

身の回りの人や物をほめようとすれば、良いところを探すようになります。良いところを探すようになれば、良いところはどんどん見つかるようになります。ほめられた人はすごく気分が良くなるので、何かでお返しをしてくれて自分も気分が良くなります。

相手が落ち込んでいるときも、会うとほめてくれて何だか元気が出るから、あなたに連絡を取ってみようと頼られるようになります。頼られると自信が出て、人間としての器が大きくなり、人として大きく成長することができます。

そのうち、道を歩く知らない人のことですら、「あの髪型ステキだな」と心の中でほめられるようになります。これはあなたの心にゆとりができ、さまざまなことに対して余裕を持って接することができるようになった証拠。

余裕のある人は自然とやさしくなり、やさしくされた相手も思考が連鎖してやさしくなれるから、すべてが好転するようになっていきます。

心にゆとりや余裕ができて、すべての物事がプラスの方向へ！

09

相手の話を否定しない

人と会話をするとき、たとえ自分と考え方が違っても、相手の話を頭ごなしに否定するのは良くありません。人それぞれ考え方が違うのは当たり前。みんなが自分の考えに同意してくれると思うのも間違いです。

とはいっても、会話をする中では、「どうしても相手が間違っている」と思うこともありますよね。そういった場合は、いかに相手の気分を害さないで、自分の考えを伝えられるかが問題となってきます。

相手の間違いを指摘するときに、「いけない」と直接的な表現で言ってしまっては、相手の気分を害してしまうでしょう。そのような場合、たとえば、「あなたのここがいけない」とストレートに言うよりも、「そういう意見もあるけど、こういう考え方もあるんじゃない？」と伝えることで、相手も「それもそうだね」と納得しやすくなります。

「あなたはダメ！」「その考えは間違ってる」と言い切ってしまえば、

「なんで？」と相手も気分を害してケンカになるだけ。

今は人と上手にコミュニケーションを取れない人が増えてきていますが、自分が相手を否定するような話し方をしていないか、改めて自分の言動を振り返ってみることが大切です。

相手への上手な話し方を考えるうちに、それが言葉の勉強となり、人とのつき合いを円満にする力になっていきます。コミュニケーション力がつくのです。そうすると、相手の間違いを指摘したとしても、ケンカになることはまずありません。

相手の気分を害さない上手な話し方で、人づき合いが円満になる！

10

反対意見を言うときは下手《したて》に出る

仕事場ではプライベートのとき以上に、注意をしたり、反対意見を言わなければいけないときがあります。

でも、そういうときはできるだけ直接的に言わないことを心がけてください。仕事場では、もめて関係を悪くすると、仕事にも支障をきたすし、社内の雰囲気も悪くなるので、1対1のトラブルでは済まなくなることが往々にしてあるからです。

注意や反対意見を言うときは、「自分はこういうふうに思いますが、どうですか？　どう思いますか？」と相手の意見を求めるようにしましょう。そうすると、相手の意見を高く評価しているということが伝わります。

頭ごなしに注意や反対をされれば、誰でも不愉快になるのは当たり前。そこを下手《したて》に出て応対することで、相手は怒ったり不愉快になることはありません。「そうだね、そういう意見もあるよね」と、話し方がやわらかくなります。反対意見を言うときは、自分が一歩引くことが大切なのです。

さらに、「その意見はすごく良いと思いますが、こういう意見も組み合わせて考えると、さらに良くなるんじゃないかと思います。いかがでしょうか」と建設的に言えば、相手もあなたの意見を取り入れやすくなります。

実践するとなると意外と難しいのですが、こういった話し方を常に意識できれば、人としてより成長していけるでしょう。

自分が一歩引くという謙虚な気持ちを常に忘れずに！

11

感情的に話したり怒ったりしない

感情的になることで、自分にプラスになることはあまりありません。いったんブレーキが利かなくなると感情の起伏が抑えられないので、事態が余計に悪くなることのほうが多いものです。

ケンカをしている場面を見たときに、怒鳴り散らしている人のほうが悪く見えたことはありませんか？

ほとんどの人にとって、怒鳴っているほうの人は「冷静な考えができていないのだろう」と感じるので、味方についてくれることはありません。実際、感情にまかせて話したり、怒ったりしているときは、冷静な判断力なんてものはありません。反対に、冷静に話をしている人はしっかりしているように見えるので、トクをすることが多いものです。

すぐに感情的になる人や怒りっぽい人は、周りから「あの人には何か言ってもすぐに怒るから、言わないでおこう」、「話が面倒になるから、あの人には相談できない」と敬遠されるようになります。いつの間にか、信用がなくなってしまうのです。

とはいえ人間ですから、どんなときでも冷静沈着でいられるわけがありません。また、常に自分の感情を押し殺すというのも、精神的に良いとは言えません。

大切なのは、〝負の感情〟を表に出すのは一瞬だけにするということ。その後は、「できるだけ冷静に話そう」と意識すると、心が落ち着き、あなたの意見が相手に伝わりやすくなるのです。

怒るのは一瞬だけ！後は冷静に話そうとすれば、心が落ち着く

12

鏡に向かってグチを言う

人に対してストレートに文句を言ってしまうと、トラブルの原因にもなりかねません。かといって、ずっと自分の心の中だけに溜めこむのはストレスが溜まり、「気」の流れが悪くなる一方です。

信頼できる友達に言えるような状況であれば良いのですが、どこから漏れ伝わるかわからないので、なかなか自分以外の誰かにひどいグチを言うのは少し不安ですよね。

でも、自分1人のときなら安心!

毎日毎日というのは良くないですが、「今日はグチる日」と決めたら、その日は鏡に向かって、いっぱいグチを言って、ストレスを大いに発散させましょう。

日記を書くという手段もありますが、内に内にとこもってきてしまうので、あまりおすすめできません。

主婦の人が、ご主人や子供への文句を言いながら、割れても良いお皿を投げて割るという行為は大変スッキリするそうですが、それはそれで片付けを自分でやらなければいけないから、かなり大変……。その点、自分の部屋で1人で鏡に向かってグチを言うのは、簡単で発散効果もバツグン。心の中でブツブツ思うより、きちんと声に出すのがおすすめです。

カラオケなどでストレス発散をする人も多いですが、それは大きな声を出すとスッキリするから。自分1人のときはグチでも何でも、どんどん声に出していきましょう。

「今日はグチる日」と決めたら、思いっきりストレス発散！

13

イヤなことを言われたら、自分の言動を振り返る

もし人からイヤなことを言われたら、落ち込んだり不愉快な気分になる前に、「この人はなぜこういうことを言うんだろう」と、まず考えてみてください。

そして「最近、相手が傷つくようなことを言わなかったか」、「約束を破ったりしなかったか」など、その人に対する自分の言動を振り返ってみるのです。

そうすると、言われたことにショックを受けるより、「なぜ言われたか」という自己分析に頭が集中します。自然と不愉快な気持ちは和らいでくるのです。

さらに、分析する中でプラス思考も加えていけば、「この人って、もしかして私のこういう面がうらやましかったのかな、悔しかったのかな」という方向に思考が切り替わり、言われたことがショックではなくなり

ます。

その後もたびたびイヤなことを言われるようなら、「この人はよくこういう言い方をする人なんだから……」と、同じようなことを言われたときの対処の仕方がわかってきます。

言われた言葉のみをクローズアップしても、ショックを受けるだけです。「なぜこの人はこんな言い方しかできないのかな」「同じことでも、違う言い方をすれば良いのにな」とあなたが思えれば儲けもの。

同じ立場に立ったときに、ほかの人にイヤな言い方をしないように気をつけられるので、その時点で自分のプラスになっているのです。

ショックを受けるより、自己分析することに集中しよう！

14

いじめを受けたら、まず自己分析する

職場や学校などで、いじめや嫌がらせを受けたら、まず自己分析から始めましょう。

「なぜこれだけ人がいるのに、私だけがいじめられるのだろう」と。もしかしたら、職場の男性に受けが良いからかもしれないし、上司や先輩にかわいがられていることが原因になっているのかもしれません。

いじめや嫌がらせされたことだけに捉われて視野が狭くなると、対処法は出てきません。いろいろな方向から自分を分析していくことによって、毅然とした態度が取れるようになり、理論的に相手に立ち向かっていけるようになります。原因を問いただすことができるし、自分に思い当たる原因があれば直していくこともできます。

「辛い辛い」と思うだけでは、どんどん卑屈になるだけ。周りを信じられなくなり、誰にも打ち明けられずに追い詰められてしまいます。

また、自己分析をすると、相手のこともよく観察するようになるので、いじめや嫌がらせについて、他の人に説明できるようになります。

「いじめられているけど、なぜだかわからない」では、解決策の考えようがありません。話を聞いてくれる人にも、「あなたに悪いところがあるんじゃないか」と言われるだけです。

きちんと理論的に説明できれば、周りの人も「誰が悪いか」を客観的に考えられるので、解決の道が早まります。

この項目は、今は必要ない人もいるかもしれません。でももし、いじめや嫌がらせを受けたときには、必ず実行してみてください。

原因がわかれば、客観的に考えられて、解決策が出てくる！

このSTEPの項目をすべてクリアできれば、かなり自分に自信がつくことでしょう。

やみくもに〝良い人間〟になろうと考える必要はありませんが、自分を好きになり、相手を思いやることができるようになれば、自然と周りに人が集まってきて、あなたの強力な助っ人になってくれます。

また、自分に自信のある人は精神的に余裕が生まれるので、良い気の流れができ、ほかの人から見ると、とても魅力的に見えるものです。

なお、苦手な項目やなかなか達成できない項目は必ず繰り返しチャレンジし、すべての項目をきちんとクリアしてから、次のSTEP４へと進みましょう。

項目チェックシート

- □ 自分の良いところを探す
- □ 自分の良いところをほめて伸ばす
- □ 自分を好きになる
- □ 人の評価を気にしすぎない
- □ 占いを信じすぎない
- □ 人の良いところを探す
- □ 人にやさしくする
- □ すべての人、物をほめる
- □ 相手の話を否定しない
- □ 反対意見を言うときは下手に出る
- □ 感情的に話したり怒ったりしない
- □ 鏡に向かってグチを言う
- □ イヤなことを言われたら、自分の言動を振り返る
- □ いじめを受けたら、まず自己分析する
（※ただし、この項目は必要ある場合）

こんな言葉、使っていませんか？

言葉というのはコワイもので、ネガティブなことを言うと、自然と気持ちもマイナスの方向に引きずられてしまいます。

以下に挙げたNGワードを、口グセのように使っていませんか？

「どうせ……」「私なんか……」「今さら……」といった言葉をよく使う人は、自分自身の「気」が弱っている証拠。相手の「気」に飲まれてしまっているのです。

これらの言葉がつい口から出てしまうというときは、自分の気の流れが悪くなっていることを自覚しましょう。

また、職場や学校などで自分の意見を言うとき、「私的にはこう思います」「みんなが良いと言っています」などの言葉はNG！

自分に自信がないときに思わず出てしまう言葉ではありますが、このような言葉を使うことで、さらに自信がなくなってしまいます。

こんな言葉、使っていませんか？

まわりくどい言い方はせず、思っていることは単刀直入に言うようにすると、周囲からも信頼が得られ、自分に自信がついてきます。

NG ワード

「どうせ…」「私なんか…」
「今さら…」「しょうがない」
「私的にはこう思います」
「みんなが良いと言っています」

STEP 4

命の重さ、大切さについて考えよう！

いよいよ、最後のＳＴＥＰまでやってきました。命の重さや大切さをテーマにした難易度の高いトレーニングが多いですが、これまでの３ＳＴＥＰをクリアしてきたあなたなら、きっと大丈夫！　普段はなかなか考えないテーマではありますが、スピリチュアルパワーを高めるには、決して避けては通れないトレーニングです。ひとつひとつの意味をじっくりと考えて、丁寧に取り組んでいきましょう。

01

感動の涙を流す

「くやしい、悲しい」という気持ちがあっても、思うように言いたいことが言えなくて自分の中にどんどん溜め込んでしまうと、心の許容量が限界に近づきます。それを一気に解消しようとする行為が〝泣く〟ということ。

確かに泣くことでストレスはある程度発散されますが、原因が根本的に解消されているわけではないので、泣くことだけではあまりスッキリはしないものです。やはり自分の気持ちを溜め込まずに、毎日ひとつひとつ解消していくほうが、辛い涙を流す必要はなくなります。

反対に、感動して泣くという行為は、気の流れが活性化されるので、精神面にとても良い影響を与えます。本を読んだり、映画や風景を見たときなどに泣くと浄化作用が働くので、まるで心が洗い流されたかのように、とてもスッキリとした気持ちになるものです。

また、普段心に余裕がない人は、ちょっと昔に戻ったりするような感覚があると、気持ちが緩んでホッとして涙が出やすくなりますが、これも良い涙だと言えます。

もちろん、人生には良いことばかりあるわけではないので、くやし涙、悲しい涙というのは、すべて避けられるわけではありません。

ただ、特に「心が疲れている」と自分で感じたときは、感動する本や映画を見るなどして、積極的に感動の涙を流すようにしましょう。

よどんだ気が浄化され、スッキリした心を取り戻せる！

02

自分に対してごほうびをあげる

人間というのは意外と単純なもので、がんばったあとのごほうびがあれば、もっとがんばれるようになります。

日頃、仕事や勉強で疲れていると感じるなら、自分に対してのごほうびを考えてあげましょう。心身の疲れや限界を感じたときこそ、自分をほめてあげたり、評価してあげることが、あなたにとって必要なことなのです。

ずっと欲しかった物を奮発して買ってもいいし、疲れを癒すために友達や恋人と温泉に行ったり、おいしいものを食べに行ったりというのもいいですね。また、「今週はすごくがんばったから、お休みの日はウダウダ寝ていよう」というのでもＯＫです。

ただし、朝は一度、必ず決まった時間にきちんと起きることが大切。何となく朝から晩まで、流れに任せてダラダラ過ごすことは、自分にとってのごほうびにはなりません。

「明日はこんなふうにゆっくり過ごすぞ！ いっぱい寝るぞ！」ときちんと自分の中で決めてから、行動するようにしましょう。

ずっと張り詰めていると、気持ちがプツッと切れてしまうことがあります。そうならないためにも、少なくとも月に一度は自分を緩ませる時間を意識して持つようにしてください。

周りに評価されることはもちろん大事ですが、それだけでなく、きちんと自分で自分自身を評価してあげることが大切なのです。

月に一度は、自分自身にごほうびをあげよう！

03

花や野菜、ペットを育てる

庭先に置いた鉢花がしおれてしまったとき、水をあげたらまた元のようにピンと元気になる姿を見て、ビックリしたことはありませんか?「こんなに小さくても、がんばって生きているんだ」と肌で感じることができ、見ているだけで大きな生命力を感じることができるでしょう。

花や野菜などの植物は自分の意志を通したり、抵抗することができないのだから、子供などの社会的な弱者と同じで、守ってあげなければいけない存在です。

大げさに聞こえるかもしれませんが、キレイに花を咲かせようと丹念に世話をしたり、重たい水を苦労して運んで水やりをしてあげるという行動は、命を大切にしているということ。

「自分の手がけたものは大切にしよう」という観念が身につくので、とても重要な経験です。生きるものすべてに対して「命を大切にしよう」

という練習になります。

犬やネコなどのペットはもちろんのこと、夜店で買ってきた金魚だって考え方は同じです。

毎日がんばって世話をすることで、より長生きさせることができます。たとえ死んでしまったとしても、命の重さ、命の尊さを学ぶことができるので、あなたの心の大きな糧となるでしょう。

小さく見える命でも、命の重さや尊さを教えてくれる貴重な存在！

04

動物にやさしくする

「もし自分が犬やネコなどのペットだったら」と、弱い立場になった自分を想像してみてください。

「こういうことをされたら、自分はどう思うだろう？」と置き換えてみれば、決して冷たいことはできないはずです。ましてや、生きていてもしょうがないなど、人間が一方的に決めることはできません。

本当は元気に生きていける命なのに粗末に扱ってしまうのは、自分をその立場に置き換えて考えることができていないから。たとえ口の聞けない動物であっても、相手の立場に立つということを心がけていないと、命を大切にすることなどできません。

子犬や子ネコが捨てられているのを見つけた場合、動物病院などに「里親を探す貼り紙をしてもらえないか」を、まず聞いてみましょう。動物病院は「里親の会」などに入っていることが多いので、力になってくれるかもしれません。そういう行いをしていれば、助けてくれる人、力を貸してくれる人が必ず現れます。

また、道路上でひかれてしまった動物を見つけた場合、何回もひかれないうちに、道路の端に寄せてあげたり、警察や保健所などに通報して片付けてもらうように連絡しましょう。

たとえ失われた命でも、自分ができる最大限のことをしてあげることが命を大切にするということなのです。

「自分が弱い立場になったら」と常に想像して行動しよう！

05

お年寄りに親切にする

これからますます高齢化社会が進み、お年寄りが多くなってきます。若いうちは、お年寄りがちょっとした行動をするのにも、とても時間がかかるのを見てイライラしたりと、お年寄りの気持ちがなかなかわからないものです。

でも、すべての人がいずれ年を取り、お年寄りになっていくのです。「こんなことを言ったら傷つくかな?」「こんなことをしたら、イヤかな?」ということを常に意識して、相手を敬う気持ちを忘れないようにしたいものです。

では、お年寄りに親切にするというのは、具体的にどのようなことをしたら良いのでしょうか。

おじいちゃんやおばあちゃんと同居していない限りは、お年寄りと接する機会は少ないものですが、電車やバスの中で席を譲ったり、道案内をしたり、重そうな荷物を持ってあげたりと、まずは身近なところから始めていきましょう。

ときどき、「年寄り扱いしないで」と怒る人もいますが、そんなときは、まずは「自分の言い方がどこか良くなかったのではないか」と考えてみてください。いくら親切心からしようとしたことでも、「お年寄りだから……」という気持ちがあまりに前面に出ていると、気分を害する人もいるからです。「荷物が重そうだから……」など、スマートな伝え方を覚えておくと良いでしょう。

人に親切にしたことは、必ず誰かが見ています。

人生の大先輩、お年寄りを敬う気持ちを忘れないで！

06

子供を大切にする

昔の人は、他の家の子供も自分の子供と同じように扱っていました。子供たちは近所のおじさんやおばさんに怒られながら育ったものです。でも今は物質的に裕福になった分、心がすさんできています。残念ながら、「うちの子さえ良ければ」と考える人が増えてきているのです。

自分の子供に限らず、すべての子供たちを大切にしましょう。

子供はトラブルに巻き込まれても自分で逃げられないので、大人が常に守ってあげなければいけない存在だということを忘れないようにしましょう。

もし、近所の子供が知らない人と歩いていたり、一緒にいる人のコトを明らかにイヤがっているところなどを見かけたら、「どうしたの?」とまず聞いてあげてください。あなたに強い意思さえあれば、行動力が生まれます。声をかけられなかったら、交番でも良いから「ちょっと気になる人を見かけて……」と、一言伝えるようにしましょう。

近所で常にケガをしたり外に出されているような子がいる場合は、万が一のことを考えて児童福祉施設などに通報を。あなたのその行動が、子どもの命を守ることにつながります。虐待も近所の助け合いやコミュニケーションがあれば、未然に防ぐことができるのです。

子供を大切にする、弱い者を守るということは、良い世の中にしようと積極的に行動することです。その結果、アナタにも必ず良い報いが返ってくるのです。

良い世の中にしようと積極的に行動すれば、良い報いが返ってくる

07

人を傷つける言葉は使わない

人をののしることは簡単なものですが、キツイ言葉で人を傷つけたときは、必ず自分を相手に置き換えて、言われたほうの痛みを知るべきです。

人間ですからいくら気をつけていても、腹立ちまぎれについキツイ一言を言ってしまうことはあります。でも、「人を傷つけるようなことは言わないようにしよう」と心がけて話すのと、何も気にしないで話すことは結果的に全然違います。

「言っちゃった……まずかったな」と思ったときは、たいていの人は表情に表れますから、相手も「気にしてくれているんだ」とわかってくれます。でも、そういったことを何も心がけずに話していると、「自分の一言で相手がどれだけ傷つくのか」を理解することはまったくできないでしょう。

特に子供は感受性が豊かなので、言葉には気をつけましょう。

子どもを感情にまかせてキツイ言葉で怒ってしまったときは、「もし自分が子どもの立場だったら……」と考えてみましょう。

常に子供の話をよく聞いてあげるというのは難しいことかもしれませんが、話をちゃんと聞いてあげることで、本当に悪いことをしたかどうか冷静に判断できるので、感情のままに怒ることはなくなります。

さりげなく発した一言でも、相手を深く傷つけて悲しませることがあるということを覚えておいてください。

言葉ひとつで相手を深く傷つけることがあると覚えておく！

08

人とのつながりを大切にする

具合が悪いときや何か困ったことがあったとき、心配して助けてくれる人がいますか？

人間は決して1人では生きていけません。さまざまな人からの助けがあってこそ、良い人生が送れるのです。人とのつながりは本当に大切なもの。あなたが常に人に親切にし、良い行いをしていれば、困ったときに助けてくれる人が必ず現れます。

人は自分が死ぬときに、誰からも恨まれることなく、「なかなか良い人生が送れた」と振り返れるような人生を送っていかないといけません。

お葬式ではよく「その人の人柄が表れる」と言いますが、どんなに有名な人でも参列者は義理だけで来ている人がほとんど……というのでは悲しいものです。逆に、参列する人はあまり多くないけれど、みんなが心の底から深く悲しんでいるなら、「その人はとても良い人生を送れた」

ということです。

「死んでしまえば、誰が悲しんでいるかなんてわからない」という人もいますが、実はそんなことはありません。自分のお葬式のときは、まだ体がそこにあるので、魂だけが斎場の中をウロウロしている状態です。つまり、自分で自分のお葬式の様子がわかるのです。

誰でもさびしい死に方はしたくないものですよね。そうならないためにも、人づき合いを面倒くさいと思わず、助けたり助けられたりしながら、積極的に人と良い関係を結んでいきましょう。

良い行いをしていればあなたの助けとなる人は大勢現れる！

09

家族内での自分の存在について考える

家族の中で自分がどのような存在で、親や兄弟からどういった存在と受け止められているのかを考えていきましょう。

たとえばパッと考えたときに、「家族にとって自分の存在がどれだけの割合を占めているのか」、「自分がそこからいなくなったときに家族にどのくらいのリスクや悲しみを負わせてしまうのか」を想像してみるのです。

といっても、自分の存在価値を決して大きく捉えることはありません。ゴミ出しを頼まれている、お風呂の掃除当番であるなど些細なことでも構いません。まずはどのくらい家族に頼られているか、貢献しているかを振り返ってみましょう。

あまり頼られていないと思うようなら、どうしたら自分が頼ってもらえるのかを考えます。たとえば「これからは、私が犬を散歩に連れて行くから」と家族に伝え、「では、お願いね」となれば、それが頼られているということ。

頼る、頼られるというのは、すごく大きなことと考えてしまいがちですが、決してそうではありません。たとえ誰にでもできることだとしても、それを続けていくことが大切なのです。

1人で住んでいる人なら、実家に電話をかけたり、自分からきちんと密に連絡を取り、家族とのつながりを作らないといけません。

相手があなたを必要としていないのなら、それはあなた自身が疎遠にしてきたということ。あなたから家族に働きかける努力をすることが大切なのです。

家族に頼りにされる自分になろう！

10

友人間や職場での自分の存在について考える

家族の次に自分の存在について考えるべきところは、友人や恋人といった人たちとの交友関係、そして仕事関係です。家族のときと同じように、自分がどのくらい頼りにされ、相手に貢献しているのかを考えてみましょう。

ポイントとしては、友人とのつき合いや職場内において、「自分がその人に対してどのような関わり方で過ごしてきたか」ということ。一方的にあなたが頼っているだけの関係であれば、あなたの存在価値は相手にとって低いでしょう。

「自分が頼られていない、必要とされていない」と感じるなら、その原因を考えないといけません。

「どうせ自分は必要とされていないんだし……」などと考えるのではなく、自分に何か反省すべきことがないかを必ず振り返ってみてください。

何となく煙たがられていると思えば、自分の言動を振り返ってみて。

何十年も連絡を取っていなかった人に年賀状1枚書いただけで、また関係が戻ったりすることがあるように、「自分自身で人との関係を絶っていなかったか」を反省することが必要です。

職場においては、たとえ「自分は仕事があまり良くできるタイプではない」と思う人でも、職場の雰囲気を明るくしたり、トゲトゲしい雰囲気を和ませることができるなら、それはとても大きな役割です。

自分がどのような形で人に貢献できるかを考えましょう。ただ何となく日々を過ごすのではなく、自分の存在価値を高めていくように努力することが大切です。

周りの人たちのために、自分ができる役割を見つけよう！

11

自分の存在価値を自己判断する

自分の存在価値で大切なことは、ただそこに存在するだけで良いということではなく、「自分がいることで、いかに周りの人にプラスの影響を与えられるか」ということです。

といっても、決してお金や物質面などではなく、あくまで気持ちの上での問題。

たとえば、家族に何か困ったことがあったときに先頭を切って助けてあげることができるかどうか、兄弟が悩んでいるときに一番に相談してもらえる存在なのかどうか……など、自分自身で振り返ってみてください。

友人や仕事関係の人でも同じです。自分がいることで友達にどれだけプラスの影響を与えているのか、会社の人たちは自分のどこを買ってくれているのか。

「それほど大きなことではないけれど、自分がいることで雰囲気が明るくなる」など、どんな小さなことでも良いので、自分の価値がどこにあるのかを具体的に挙げてみると良いでしょう。

「自分の魅力や長所はここだ」ということをきちんと把握できていれば、あなたの存在価値をもっと高めていくことができます。また、自分の存在価値について考えるようになると、自然と相手に対して「自分にとってマイナスになるイメージ」を与えないように行動するようになります。

この項目をクリアできれば、自分に自信を与えてくれる大きなステップとなるでしょう。

人にプラスの影響を与えられるような存在になろう！

12

自分のしたことへの反省・後悔を行動に変える

反省することはとても大切なことですが、その後に反省を踏まえて実際に行動に移さないと、せっかくの反省もムダになってしまいます。しっかりと反省した後は、次のステップに行かなければいけません。

たとえば、友達や兄弟とケンカをしてひどいことを言ってしまった後、「ちょっと言い過ぎたかな」と反省をしたら、次に会ったときにはやさしい対応を心がけてください。

どうしても面と向かって謝れないときは、おまじない感覚で紙に「ごめんね」と書いて、それを燃やすのでもＯＫ。あなたの心は思った以上に軽くなります。また、相手も自然とあなたのやわらかい雰囲気に気がつくので、和解する方向に動いていきます。

昔は仲が良かったのに、ちょっとしたことがきっかけで距離ができてしまった友達がいるなら、その思いはあなたの心の荷物になっています。

そんなときは昔の住所で良いので、その人宛てに手紙かハガキを書くことをおすすめします。宛て先不明で戻ってくるなど、実際に届かなくても構いません。そこまで努力をするという過程が大切で、心の重みはかなり解消されることでしょう。

もし、住所も何もわからないなら、その人宛てにただ手紙を書くだけでもＯＫ。書いた後は燃やすようにして、後は普通に水をかけて捨ててください。あなたの思いは浄化され、その人のもとへもきちんと届きます。その後に偶然会ったり、その人の近況を耳にするなどの不思議な経験をする人も多いですよ。

反省した後の行動が、あなたをステップアップさせる！

13

大切な人がいなくなったときのことを考える

極端な考え方のように聞こえるかもしれませんが、「自分の大切な人に万が一のことがあったら……」と考えながら毎日を過ごすと、その人への接し方はずいぶん違ったものになります。

たとえば、ケンカをして以来、ずっと気まずい状態のままの相手がいたとします。でも、「もしこの人が明日、事故にでも遭ったら……」と思えば、すぐに仲直りしておこうと考えるものです。

常に最悪のパターンを考えておくと、ケンカやトラブルが長引きません。ひどいケンカをしてすっかりそのまま疎遠になっていた人が、その後人づてに亡くなったと聞けば、「あのとき、すぐに仲直りしておけば良かった」と後悔するでしょう。そして、今後はずっとその後悔の念を背負って生きていかなければいけません。

そういった思いは、本来背負っていかなくて良いものなのです。

もしも今、あなたにとって大切な人と気まずい状態にあるならば、「次に会えなかったらどうしよう」と最悪なケースを考えて行動するようにしてください。そうすれば、自分が一歩引いて自然と相手にやさしく接することができるようになれるから、その人とずっと良い関係が結べるようになるでしょう。

明日、何が起きるかなんて、誰にもわかりません。

だからこそ、1日1日を後悔のないように生きていくことが、とても大切なのです。

常に万が一のことを考えておくと、人はやさしくなれる！

14

自分の命を大切に思う

末期ガンの人が「余命はあと3ヶ月」と宣告されてしまったとき、こわくて自殺をしてしまう人がいます。また、「どうせ死んじゃうんだからもうどうでもいいや」と投げやりになっていく人もいれば、その反対に、「少しでも寿命を延ばしてやろう」とプラス思考で考え、毎日を明るく楽しく生きていこうとする人がいます。

たとえ余命を宣告されていても、どちらのほうが長生きできるか、みなさんにはわかりますよね。本来、人間の精神力はとても強いものなのです。

また、今までの人生の中で、「自殺してしまいたい」と考えたことがある人もきっといることでしょう。「死んだらやっとラクになれる」という遺書を残して自殺する人も大勢いますが、それは誤りです。自殺してラクになるということは決してありません。むしろ、自殺した人は亡くなってもなお、ずっと苦しみ続けています。

ビルから飛び降り自殺をした人の霊を呼び出して話を聞いたことがありますが、亡くなったあともずっと自殺行為を繰り返しています。肉体は死んでいるのに魂は上に上がれずに現世に残っているから、何回もビルから飛び降りる行動を繰り返しているのです。

どんなことがあっても自分の命は大切にしなければいけません。命を粗末にして良いことなど1つもありません。

あなたの命を守れるのは、あなたしかいません。ほかの人の命と同じように、自分の命も大切にしてください。

自分の命を大切にすることで精神力も強くなる！

項目チェックシート

- □ 感動の涙を流す
- □ 自分に対してごほうびをあげる
- □ 花や野菜、ペットを育てる
- □ 動物にやさしくする
- □ お年寄りに親切にする
- □ 子供を大切にする
- □ 人を傷つける言葉は使わない
- □ 人とのつながりを大切にする
- □ 家族内での自分の存在について考える
- □ 友人間や職場での自分の存在について考える
- □ 自分の存在価値を自己判断する
- □ 自分のしたことへの反省・後悔を行動に変える
- □ 大切な人がいなくなったときのことを考える
- □ 自分の命を大切に思う

ひと通りすべてのＳＴＥＰをクリアできたあなたに、最後の仕上げとしてやってほしいトレーニングは、〝今後の人生設計を立てる〟ことです。「資格を取ろう」とか「家を建てよう」といった物質的なものではありません。「人に対してどうやって向き合っていくか」という、自分の人間性や考え方の設計図を作ってほしいのです。

たとえば、「今まですべて自分の意見だけを頼りに生きてきたけど、これからは自分の意見を50、人の意見を50取り入れていこう」というのでもＯＫ。これは、心の中で思うだけでもいいし、忘れてしまいそうなら紙に書いておきましょう。

すべてのトレーニングを終了して、自分の気持ちがブレなくなったときに設計するのと、まだあいまいな状態で設計するのとでは、〝覚悟〟の段階で大きく違います。すでに今のあなたは、しっかりとした人生設計が立てられるはずです。

そしてもし、この時点で最終的な人生設計が思い浮かばないという人は、４つのＳＴＥＰをまだきちんとこなしていないということ。改めて最初のＳＴＥＰ１に戻り、もう一度トレーニングを積みましょう。

あとがき

これまでの４つのＳＴＥＰを、ひと通りクリアすることはできましたか？

ＳＴＥＰが進むにつれ難易度が上がるので、実践するのがなかなか難しい項目もあったと思います。そんなときでもあせったり落ち込んだりせずに、できるようになるまで何度でも根気よくチャレンジしてください。ひとつひとつクリアしていくことで、あなたのスピリチュアルパワーも着実に上がっていきます。

最終的に、ＳＴＥＰ４までのすべての項目をクリアできた人は、自分でもビックリするぐらい、心や体の変化を感じることができたのではないでしょうか。

以前に比べると、朝、目覚めたときの気分はかなりスッキリしていませんか？

ヤル気や向上心に満ちた気持ちでいっぱいになると、目の輝きが変わり、ふと口にする言葉や態度も穏やかになるので、周りにいる人たちもあなたの変化を敏感に感じ取ることができるでしょう。


この本を手に持ち、開いたその瞬間から、あなたの〝魂〟は根気よくピカピカに磨かれることを待っていました。

スピリチュアルパワーがアップすると、周囲にある「気」が浄化されて流れが良くなるので、自然と明るく前向きな考え方になり、自信がついたり、人にやさしくなれたりと、あなたの魂（＝あなた自身）は確実に良い方向へと向かいます。

ムリして〝良い人〟を演じなくても、自然と周りにプラスの影響を与えられるような人間になるのです。

しっかりと強く磨かれた魂は、これからの人生であなたがぶつかる困難や、辛い状況を切り拓くための強い力となってくれることでしょう。すでに今、悩んだり苦しい状況にあるのなら、美しく磨かれた魂を信じて立ち向かってください。きっと良い方向に進むはずです。

そして本書から旅立つときこそ、あなたの新たな輝かしい人生がスタートする日となることを心から願って、あとがきの言葉とさせていただきます。

スピリチュアルカウンセラー
山口　彩

【著者プロフィール】

山口　彩（やまぐち・あや）

1960年２月１日神奈川県生まれ。５歳の頃から“霊”の存在に気づき始める。友人・知人の相談相手をしているうちに話題となり、その道に興味を持つ。その後、“霊”に関する研鑽を重ね、人生相談をしていくうちに、悩み事を抱えて暮らしている人の多さを目の当たりにし、霊能者として独立を決意。「正霊会」を設立し、個人・法人の相談に務めている。現在、最も活躍中のスピリチュアル・カウンセラーとして注目されている。

主な出演メディア＊「TBS」、「フジテレビ」、「テレビ朝日」などの各テレビ番組ほか、「Ｔｏｋｙｏ ＦＭ」「Ｊ Ｗａｖｅ」「Ｂａｙ ＦＭ」「山形放送」などのラジオ局に多数出演。
「ＳＰＡ！」、「東京スポーツ」など、雑誌・新聞等にも多数掲載。

連絡先「正霊会」　湯河原相談所
神奈川県足柄下郡湯河原町中央2-15-10
TEL：0465－62－3378

魂磨き
——1日1つスピリチュアル・ワークブック——

2008年4月20日　初版第1刷発行

著者 ◆ 山口 彩
編集協力 ◆ 清水 麻衣
イラスト ◆ 関上 絵美
装幀 ◆ 津嶋デザイン事務所　津嶋 佐代子
発行者 ◆ 籠宮 良治
発行所 ◆ 太陽出版
〒113-0033　東京都文京区本郷4-1-14
電話　03-3814-0471
FAX　03-3814-2366
http://www.taiyoshuppan.net/

印刷 ◆ 壮光舎印刷株式会社
株式会社ユニ・ポスト

製本 ◆ 有限会社井上製本所

ISBN978-4-88469-568-2